Rache an der Ex

125 Wege sich an IHR zu rächen

Alicia McStuart

Anderen eine Grube zu graben, ist anstrengend, doch es zahlt sich fast immer aus.
David Herbert Lawrence

Bibliografische Information der Deutschen Nationalbibliothek: Die Deutsche Nationalbibliothek verzeichnet diese Publikation in der Deutschen Nationalbibliografie; detaillierte bibliografische Daten sind im Internet über http://dnb.dnb.de abrufbar.

© **2013 Alicia McStuart**
Illustration/Grafik: **A. Runge**
Korrektorat/ Lektorat: **Texteragentur Gifhorn**
Herstellung und Verlag: BoD
Books on Demand, Norderstedt
ISBN: 9783732292080

Statt einem Vorwort.....

…..möchten wir Sie darauf hinweisen, dass Rache ein verständlicher Impuls ist, wenn wir verletzt werden. Die meisten Menschen geben diesem Gefühl nicht nach und leiden länger als es sein müsste.

Mitunter hat auch so ein kleiner Racheakt eine Art befreiende Wirkung und Sie können besser abschließen mit diesem Abschnitt Ihres Lebens.

Für einen kleinen Denkzettel haben wir Ihnen jede Menge Tipps vorbereitet. Aber auch für größere Racheakte liefern wir Ihnen Ideen, die es in sich haben und die vor allem legal sind.

Greifen Sie allerdings in die Tiefe unserer Trickkiste der Rache, so sollten Sie sich sicher sein, dass Sie Ihre Ex garantiert nicht mehr zurück haben wollen. Denn das wird dann fies und gemein.

Wir wünschen Ihnen viel Spaß beim Lesen.

Alicia McStuart   Dezember 2013

Bevor man zum Racheakt greift

1. Ignoranz

Bei bestimmten Menschentypen ist die effektivste Form der Rache pure Ignoranz.

Ist die Ex eitel, selbstverliebt und von seiner Wirkung (speziell auf Sie) überzeugt?

Dann überraschen Sie sie doch einfach mal! Reagieren Sie völlig anders als sie es erwartet!

Sehen Sie durch sie hindurch und ignorieren Sie Ihre Ex auf der ganzen Linie.

Ignoranz setzt solchen Menschen viel mehr zu als die kreativste Racheidee.

2. Glücklich sein

Die Steigerung zur Ignoranz:

Seien Sie mit Ihrem neuen Leben als Single überglücklich!

Tragen Sie demonstrativ zur Schau, dass es Ihnen einfach phantastisch geht!

Strahlen Sie, legen Sie sich eine neue Frisur oder ein neues Outfit zu. Lächeln und flirten Sie, was das Zeug hält.

Die eine oder andere unverbindliche Eroberung kann dabei natürlich auch nicht schaden.

Nicht ärgert Ihre Ex-Partnerin so sehr, wie, wenn Sie sich scheinbar super schnell über sie hinweg getröstet haben.

3. Publik machen

Natürlich macht es nicht jeder Ex etwas aus, wenn Sie sie einfach ignorieren.

Gerade nach Beziehungen, in denen einer der Partner am laufenden Band betrogen wurde, ist es sinnvoll, potentielle Nachfolger „vorzuwarnen".

Das kann durch die direkte Verbreitung im Freundeskreis geschehen oder aber unter Zuhilfenahme des Internet.

Es leben die sozialen Netzwerke!

Rache ist süß...

I. Fies und Gemein

1. Kleine Gemeinheiten

Klingelstreich

Warum nicht mal ein paar kleine Rangen aus der Nachbarschaft zu einem zünftigen Klingelstreich heranziehen?

Das sogenannte 'Klingelputzen' ist ein Klassiker, aber auch heute noch wirkungsvoll.

Nach einigen Klingelattacken wird sie wahrscheinlich ordentlich genervt sein und die Klingel abstellen.

Bis dahin haben Sie den Spaß jedoch auf ihrer Seite und Ihre kleinen Helfershelfer sicher auch.

Briefkastenstreich

Haben Sie eventuell die Möglichkeit, sich amtlich aussehende Dokumente zu besorgen?

Dann schicken Sie der Ex doch mal einen hübschen gelben Brief mit einer fingierten Forderung!

Aber Vorsicht: sollten Sie gerichtliche Siegel verwenden, läuft das offiziell unter Amtsmissbrauch und ist damit strafbar.

Falls der falsche Mahnbescheid nicht möglich ist, haben Sie aber auch die Möglichkeit, der Ex andere unangenehme Nachrichten zukommen zu lassen.

Je nachdem, was bei ihr derzeit aktuell ist, können Sie ihr eine Absage auf den angestrebten Job oder auch üble Nachrichten von ihrer Bank schicken (lassen).

Sie können Ihrer Phantasie dabei absolut freien Lauf lassen. Aber auch hier gilt: klären Sie das Ganze auf, bevor es Ärger gibt.

Böse Postkarte

Es gibt ja so kleine, gemeine Grüße aus dem Urlaub, mit denen man die Ex besonders nach einer hässlichen Trennung so richtig erfreuen kann.

Im Allgemeinen läuft derlei ja unter Scherzartikel.

Aber eine Postkarte mit einer nackten Schönheit, die sich genüsslich im nassen Sand räkelt, ist ja für die meisten Frauen doch etwas unerfreulich.

Wenn dann aber über der Schönheit noch die Aufschrift „Wish you were HERE" prangt, ist das so richtig Gift fürs Ego.

Böse Postkarte die Zweite

Viele Frauen vertragen es gar nicht gut, sollte sich sehr schnell eine attraktive Nachfolgerin bei Ihnen einfinden.

Helfen Sie doch dem ganzen etwas auf die Sprünge mit dem Internet. Mittlerweile gibt es die Möglichkeit, dass Sie eigene Fotos als Postkarte versenden können.

Also bitten Sie doch im Urlaub oder Unterwegs, ob Sie sich mit einer hübschen Frau zusammen fotografieren lassen können. Strahlen Sie dabei richtig verliebt.

Und dann schicken Sie das Bild als Postkarte an Ihre Ex. Sie wird schäumen vor Wut, wenn Sie sich noch höflich für die Trennung bedanken, denn nun haben Sie Ihre Traumfrau kennen gelernt.

Eklige kleine Geschenke

Seien es nun Kakerlaken, Maden oder anderes Ekelzeugs:

Frauen mögen sowas überhaupt nicht.

Schicken Sie ihrer Ex doch mal einen kleinen Liebesgruß zur Erinnerung.

Da wir allerdings alle Tierfreunde sind, sollten es natürlich nur Kameraden aus Kunststoff sein.

2. Fiese Streiche

Lieblingsklamotte versauen

Ihre Ex hat womöglich noch ein paar geliebte Kleidungsstücke bei Ihnen?

Perfekt.

Werfen Sie diese doch mal bei 90 Grad in die Kochwäsche.

Auch sehr gut geeignet ist das Waschen weißer Stücke in der stark ausfärbenden Buntwäsche wie einer neuen Jeans oder roten Socken.

Lieblingssachen neu verzieren

Sie legte in Ihrer gemeinsamen Zeit viel Wert auf ordentliche und saubere Kleidung?

Und sie hat noch Sachen bei Ihnen?

Ausgezeichnet, dann wenden Sie doch diesen Tipp eines Freundes von mir an.

Der hat Fischstäbchen gebraten und dabei die Kleidung seiner Ex nahe am Herd aufgehängt.

Er wollte nicht aus Liebeskummer die Wohnung abfackeln, aber immer, wenn er ein Fischstäbchen ins heiße Öl legte, gab es lustige kleine Fettflecken, die durch die Küche spritzten. Und damit an die Kleidung der Ex.

Da diese Spritzer sehr klein sind, wird sie diese erst sehr spät bemerken. Und oft genug gehen die auch mit dem besten Fleckenentferner nicht mehr raus.

Probieren Sie es aus, es macht viel Spaß.

Lieblingssachen neu verzieren die Zweite

Ihre Ex hat viel Wert auf stilvolle Kleidung gelegt? Sehr gut, dann verhelfen Sie ihr doch mal zu einem neuen Look.

Im Internet und Bastelläden gibt es Hotfix Steine und Applikatoren.

Nehmen Sie eine Vorlage, beispielsweise eine Krone oder einen Totenkopf und verzieren Sie mit diesen Strasssteinen die Blusen und T-Shirts Ihrer Ex, bevor Sie diese zurückgeben.

Auch Nieten einzustanzen in die Klamotten bereitet Ihnen bestimmt viel Freude.

Ihre Ex wird schäumen vor Wut, wenn ihre Sachen aussehen, wie die einer Rockerbraut.

Doch Achtung. Diese Aktion könnte einen Schadenersatz nach sich ziehen.

Bei Taschen und Schuhen hört der Spaß auf?

Weit gefehlt, hier beginnt der Spaß erst richtig.

Jede Frau hat einen Spleen und zu 90 Prozent sind es die Schuhe und/oder die Taschen.

Bei Schuhen bietet es sich an, die Absätze zu kürzen. Oder Sie zerkratzen das Leder.

Auch Taschen können Sie umstylen. Taschen haben Innenfächer, schneiden Sie die doch auf und geben so der Tasche mehr Volumen.

Oder lassen Sie die Tragriemen verschwinden. Den Verschluss kann man mit etwas Kleber zu einem besseren Verschluss verhelfen.

Verkaufen Sie Schuhe und Taschen Ihrer Ex

Möchten Sie wissen, wie Sie Ihre Ex-Partnerin richtig tief treffen können und dabei die ultimative Rache ausüben?

Verkaufen Sie ihre heißgeliebten Stücke an einen Second-Hand-Laden. Dadurch ist ihre Chance, diese wiederzusehen, wirklich gleich null.

Oder versteigern Sie die Sachen auf ebay und Co. Auch hier ist ein Vertrag bindend und der unglaubliche Vorteil bei solchen Auktionshäusern dürfte der Button **Sofortkauf** sein. Stellen Sie doch die Sachen für einen richtigen Dumpingpreis rein. Dann sollte Ihre Ex ordentlich Schwierigkeiten haben, die Sachen wieder zurück zu bekommen.

Natürlich sollten Sie auf ihr Konto das Geld überweisen lassen. Immerhin gehören ihr ja die Sachen. Das muss schon alles seine Ordnung haben.

Doch Vorsicht: Die Spur sollte nicht zu Ihnen zurück verfolgbar sein, sonst müssen Sie Schadenersatz leisten.

Wofür die Kleiderspende noch gut ist?

Sie kennen doch bestimmt die Kleidercontainer, die überall in der Stadt und auf dem Land herumstehen. Dort wird Bekleidung für Bedürftige gesammelt.

Sie waren schon immer der Meinung, Ihre Ex-Partnerin habe zu viel zum Anziehen?

Dann spenden Sie doch einen Teil der Bekleidung, der Schuhe und diversen Taschen an Bedürftige. Oder vielleicht gleich alles?

Handelt es sich um Sachen, die nicht nur einen ideellen Wert darstellen, sondern auch einen finanziellen Wert, dann überlegen Sie gut, ob Sie diesen Plan durchziehen. Es könnte sein, dass Sie eventuell Schadenersatz leisten müssen.

Um das zu umgehen, fordern Sie Ihre Ex schriftlich auf, die Sachen innerhalb von 3 Tagen abzuholen. Das lassen Sie Ihr am besten zu Anfang Ihres Urlaubs zustellen, wenn sie keine Möglichkeit hat, darauf zu reagieren. Dann dürfen Sie ungestraft, Ihre Rache austoben.

Auch Frauen sammeln

Nicht nur Männer sammeln, auch Frauen tun dies. Es gibt unzählige Frauen, die ihre geliebte Barbie in Originalkartons sammeln oder Teddys, Puppen, Kaffeetassen. Die Liste lässt sich unbegrenzt fortsetzen.

Pech für Ihre Expartnerin, wenn Sie das Zeug alles bei Ihnen lässt und Sie die Kinder der Nachbarin hüten. Oder vielleicht lassen Sie Ihre Neffen und Nichten darauf los.

Die Kleinen werden sich riesig freuen, denn das ist ja fast wie Weihnachten. Sie werden der beste Onkel aller Zeiten sein und Ihre Ex wird schäumen vor Wut.

Persönliche Gegenstände (ohne größeren Wert) zerstören

Nehmen Sie sich doch einfach mal die Briefmarkensammlung mit lediglich symbolischem Wert, ein altes Stofftier aus Kindertagen oder aber ein Souvenir aus dem letzten Urlaub vor.

Sehr persönliche Dinge kaputtzumachen ist sicher nicht die feine englische Art, allerdings ist derlei rachetechnisch sehr effektiv.

Sexspielzeug

Eine heftige Blamage können Sie Ihrer Ex natürlich auch bescheren, indem Sie sie vor Menschen ihres täglichen Umgangs bloßstellen.

Bestellen Sie doch mal auf ihre Bankverbindung Sexspielzeuge oder Pornos!

Gerade für derlei 'Special-Interest'-Produkte gibt es ja auch spezielle Seiten. Diese bieten meist noch den Zusatzservice eines Tarnabsenders an. Es soll ja nicht sofort offensichtlich sein, was in dem Paket drin ist.

Aber nicht so mit Ihnen: Die Ex bekommt natürlich den ungetarnten Karton mit dem Originalabsender, auf dass der Postbote sich ins Fäustchen lacht.

Im besten Fall nimmt sogar noch die Tratsch freudige Nachbarin das Paket stellvertretend an und die Gerüchteküche wird richtig brodeln.

Sexspielzeug die Zweite

Auf diese Idee hat mich ein guter Freund gebracht. Er hatte grade eine schmutzige Trennung hinter sich. Seine Freundin hatte besondere Vorlieben beim Sex. So die Verwendung verschiedener Dildos.

Er wurde sehr kreativ und beim Abholen seiner Sachen nahm er auch den Kasten mit den Dildos und Pornos mit.

Als seine Exfreundin mit ihrem neuen Freund im Kurzurlaub war, nahm sich mein Bekannter ihren Vorgarten (ihr ganzer Stolz) vor und gestalteten diesen etwas eigenwillig um.

Dieser Vorgarten wurde zum Wallfahrtsort für viele Menschen. Als die Exfreundin aus dem Urlaub zurückkam, traf sie fast der Schlag. Aufgereiht und schön sichtbar waren ihre Dildos im Garten eingepflanzt.

Diese Racheaktion ist noch heute ein beliebtes Gesprächsthema (nach mehr als 15 Jahren).

Sexspielzeug die Dritte

Haben Sie das vorige Kapitel gelesen, dann fragen Sie sich vielleicht, was mit den Pornos passiert ist.

Ja, auch die bekamen eine besondere Verwendung. Einen Teil der etwas harmlosen Pornos verteilte er per Post an die Nachbarn.

Er hatte die Pornos in einen offenen Briefumschlag gelegt zusammen mit einem Zettel.

Darauf stand, dass er leider diese Zeitschriften aus Versehen mitgenommen habe und da seine Ex ihn nicht mehr sehen wollte, bat er seine ehemaligen Nachbarn um einen kleinen Gefallen, dass diese seiner Ex doch ihre Lieblingszeitschriften bitte zurückgeben.

Auch diese Aktion und die sexuellen Vorlieben seiner Ex war wochenlang das Gesprächsthema in der Umgebung.

Sexspielzeug die Vierte

Die restlichen Pornos fanden auch noch eine angemessene Behandlung. Bei der bald bevorstehenden Hochzeit der Exfreundin sollte eine Hochzeitszeitung angefertigt werden.

Da mein Bekannter das Mitgefühl der ganzen Familie auf seiner Seite hatte, half man ihm nur zu gern bei dem nächsten Streich.

Diese Hochzeitszeitung war wirklich etwas ganz besonderes. Detailliert wurden dem Bräutigam die sexuellen Vorlieben seiner zukünftigen Braut in Bild und Erklärung geliefert.

Welche Art von Hochzeitszeitung da im Umlauf war, bekam die Braut viel zu spät mit. Der Wutanfall soll unglaublich gewesen sein. Aber mein Bekannter hatte nun seine Rache und kann heute voller Lachen auf diese gescheiterte Beziehung zurücksehen.

Auto umparken

Greifen Sie sich den Autoschlüssel Ihrer Ex und parken Sie ihr Auto einfach um.

Sie wird höchstwahrscheinlich vor der leeren Parklücke stehen und sich fragen, ob es jetzt langsam bei ihr aussetzt.

Vielleicht wird sie auch hysterisch und meldet ihren Wagen stehenden Fußes als gestohlen.

In diesem Fall sollten Sie jedoch zusehen, dass Sie den Streich sofort aufklären.

Allerdings sollten Sie sich diesen Spaß dennoch nicht entgehen lassen.

Toilettenstein ins Auto schmuggeln

Den Toilettenstein können Sie natürlich auch durch andere stark riechende Dinge ersetzen.

Hauptsache, das Auto stinkt und Ihre Ex findet die Ursache nicht.

Also sollten Sie den Stinker möglichst auch gut verstecken, zum Beispiel in der Lüftung.

Hier lobt man sich natürlich das männliche Bastler-Gen.

Lieblingsgartenzwerg beschmieren

Klar, es gibt nicht so viele Damen unter 60, die auf Gartenzwerge stehen.

Aber falls Ihre Expartnerin doch zu den wenigen Exemplaren gehören sollte, können Sie das ohne Rücksicht ausnutzen.

Nehmen Sie sich wahlweise Zahnpasta, Öl- oder Wasserfarbe oder, wenn es ganz hart sein soll, ein Hundehäufchen. Auch Knete eignet sich gut.

Schmieren Sie den Gartenzwerg so richtig voll!

Sie sollte ihn allerdings noch wiedererkennen können. Dann wirkt der Schock gleich doppelt so gut.

Abführmittel/Brechmittel unterjubeln

Wenn Sie Ihre Ex des Öfteren in der früheren gemeinsamen Stammdisco treffen, können Sie sich auch mal einen ganz fiesen Kalauer erlauben.

Mischen Sie ihr doch einfach ein bisschen Rhizinusöl ins Getränk und vermiesen Sie ihr so den Abend.

Für die andere Richtung eignet sich Apomorphin, Ipecacuanha-Sirup oder einfach Kupfersulfat.

Allerdings läuft derlei bereits unter Körperverletzung, also sollten Sie sich dabei besser nicht erwischen lassen.

3. Zeitungsinserate

Auto zu verkaufen

Auch Frauen lieben ihr Auto. Sie geben ihm zärtliche Namen und schmücken es wie ihr Wohnzimmer.

Warum also nicht auch mal hier ansetzen.

Inserieren Sie doch das Auto Ihrer Ex einmal zu einem absoluten Spottpreis in der Zeitung!

Vergessen Sie aber nicht, ihre Handynummer und Emailadresse dazuzuschreiben.

Schließlich soll sie ja auch ordentlich von den ganzen Ostblock-Autoexporteuren genervt werden!

Billig und willig

Auch ein Inserat in der Rubrik „spezielle Interessen" kann durchaus amüsant werden.

Mit dem richtigen Text nach dem Motto „billig und willig" inklusive einer ansprechenden Personenbeschreibung dürfte Ihre Exfreundin bald sehr gefragt sein.

Deshalb muss selbstverständlich auch die Handynummer der Ex in der Anzeige stehen.

Das Auflösen der gemeinsamen Wohnung

Sie haben mit Ihrer Ex noch eine gemeinsame Wohnung und wollen diese auflösen?

Sehr gut, dann bestellen Sie doch die Interessenten zu einer Zeit, die Ihrer Ex überhaupt nicht passen.

Ist sie also ein Morgenmuffel, dann laden Sie die Interessenten für morgens um 7 Uhr ein.

Geht sie lieber abends zeitig ins Bett dann vereinbaren Sie Termine um 20 Uhr.

Hier bieten sich verschiedene Möglichkeiten an. Auch Nachmieter während einer Party Ihrer Ex einzuladen, kann Spaß machen.

Hunde- oder Katzensitter

Ist Ihre Ex eine Hunde- oder Katzenhasserin?

Dann gilt das gleiche Prinzip aus dem vorigen Kapitel:

Veröffentlichen Sie eine Anzeige mit der Handynummer Ihrer Ex, in der Sie ihre Dienste als Tiersitterin für die jeweils verhasste Spezies anbieten.

Noch besser wirkt das natürlich, wenn es sich nicht um eine Abneigung gegen die Tierart handelt, sondern vielmehr eine hysterische Phobie.

II. Essen & Trinken

1. Getränke

Der Ekelkaffee

Eine relativ harmlose Variante des Getränkestreichs: waschen Sie doch mal die Lieblingstasse der Ex mit Essig aus!

Dadurch dürfte der Kaffeegenuss doch deutlich getrübt werden.

Auch ein bisschen Salzlösung oder andere störende Geschmackseinflüsse sollten ihre Wirkung nicht verfehlen.

Aber übertreiben Sie es nicht.

Essig und Salzlösung können in größerer Dosierung gesundheitsschädigend sein.

Sprudelnder Kaffee

Leicht, haltbar und schmackhaft: beinahe jeder kennt und benutzt heutzutage Kaffeeweißer anstelle von Kondensmilch.

Man nehme also weißes Brausepulver und mische es in das Glas mit der Trockenmilch.

Das Ergebnis?

Übersprudelnde Freude zumindest bei Ihnen!

Mineralwasser

Auch hier bietet sich ein bisschen Essig oder Salzlösung zum „verfeinern" an.

Auch ein wenig Natron kann dem Wasser einen interessanten Nachgeschmack verleihen.

Wenn Sie der Ex allerdings einen ganz bösen Streich spielen wollen, mischen Sie ihr doch in ihre Arbeitsflasche einen ordentlichen Schluck Wodka oder klaren Korn.

Der Vorteil: Wodka oder Korn wird sie auf Anhieb nicht riechen, da diese Spirituosen nahezu geruchlos sind. Aber spätestens der Nächste, der auf Hörweite an sie herantritt, wird sie riechen! Im besten Fall zeigt der Alkohol auch noch Wirkung, dann wäre der Eindruck natürlich perfekt. Allerdings muss Ihnen bewusst sein, dass Ihre Ex dann ihren Ruf als Schnapsdrossel weg hat.

Eine Warnung sei an dieser Stelle noch angebracht: Sie sollten sich bei dieser Aktion besser nicht erwischen lassen - Anzeigengefahr!

Saft/Limo

Bei diesen Getränken bieten sich neben den vorab erwähnten Zusätzen auch noch die wirklichen Ekelgeschichten an.

Sie können in derlei Getränke zum Beispiel unbemerkt hineinspucken.

Aber auch andere eklige Zutaten lassen sich problemlos darin verstecken.

Tun Sie sich keinen Zwang an!

Nur gesundheitsgefährdend sollten die kleinen Zulagen nicht sein, sonst droht wiederum Anzeigengefahr, wenn Sie erwischt werden.

Cola und Mentos

Mittlerweile in aller Munde, also darf dieser relativ neue Streich hier natürlich nicht fehlen.

Jubeln Sie der Ex doch einfach mal eine mit ein paar Mentos-Dragees präparierte Flasche Cola Zero unter.

Das funktioniert folgendermaßen: Löcher in die Mentosbonbons schlagen und zu einer Kette auffädeln. Diese Kette dann in den Flaschenhals hängen und mit dem Schraubverschluss fixieren. Die Bonbons dürfen die Cola noch nicht berühren.

Wenn sie die Flasche aufschraubt und einen herzhaften Schluck nehmen will, wird sie auf einen Schlag viel mehr Cola bekommen, als ihr lieb ist!

Eine Warnung sei allerdings angebracht: das Resultat dieses Streiches ist eine Riesensauerei. Möglichst sollte er also im Freien stattfinden.

2. Futteraktionen

Kuchen & Kekse

Kuchen und Kekse lassen sich wunderbar mit kleinen Überraschungen präparieren.

Stecken Sie der Ex doch mal Süßstofftabletten in ihren Kuchen oder verstecken Sie diese im Doppelkeks.

Das klingt vielleicht erst einmal recht harmlos. Aber versuchen Sie doch mal, eine Süßstofftablette pur zu lutschen, es wird Sie schütteln vor Ekel!

Allerdings eignen sich auch Pfeffer- oder Kümmelkörner sowie Chilistückchen für solche Streiche hervorragend.

Je nachdem, was die Ex so richtig widerlich findet.

Salz & Zucker

Auch sehr amüsant: vertauschen Sie doch mal Salz und Zucker, bevor Sie ausziehen.

Je nachdem, was sie sich zuerst zubereitet, fällt das Geschmackserlebnis aus.

Entweder wird der Kaffee eine völlig andere Note haben als erwartet, oder aber das Gulasch bzw. der Salat werden zur süßen Versuchung.

Gewürze

Die bereits beschriebene Bäumchen-Wechsel-dich-Nummer funktioniert natürlich auch bei anderen Gewürzen, die sich so in der Küche finden.

Also seien Sie doch mal kreativ!

Man könnte beispielsweise scharfes Chilipulver in die Dose für süßen Paprika füllen.

Das Ergebnis? Absolut feurig!

Aber auch das Vertauschen des Lieblingsgewürzes gegen ein total verhasstes dürfte amüsant werden.

III. Persönliche Attacken

1. Make-Up und Kosmetik

Schminksachen verschwinden lassen

Wenn die Ex und Sie noch zusammen wohnen, eröffnet sich hier eine völlig neue Palette von Rachemöglichkeiten.

Das funktioniert natürlich auch dann, wenn Sie noch einen Schlüssel zu Ihrer Wohnung besitzen.

Vielleicht könnten Sie also einfach ihr Schminkzeug verstecken oder im härteren Fall gleich komplett entsorgen?

Für die Dame von Welt, die jeden Morgen bei Arbeitsantritt frisch aussehen muss, ist das in jedem Fall ein sehr unbequemes Ärgernis.

Gesichtscreme

Benutzt die Dame womöglich kein Make-up (das ist zwar selten, aber soll vorkommen)?

Dann wird sie aber sicher wenigstens grundlegende Pflegeprodukte besitzen.

Also schnappen Sie sich doch mal die Näpfchen für Tagescreme und Nachtcreme und vertauschen Sie deren Inhalte miteinander.

Das Resultat: Wenn SIE am nächsten Morgen ihre vermeintliche Tagescreme aufträgt, wird ihr Gesicht glänzen wie frisch eingeölt.

Nachtcremes haben nämlich einen deutlich höheren Fettgehalt als Tagescremes.

Nagellackentferner

Viele Frauen kennen diesen kleinen Trick, wenn der Nagellack etwas fest geworden, dann träufelt Frau ein paar Tropfen Nagellackentferner in den Nagellack.

Kurz umgerührt und schon lässt sich der Nagellack einwandfrei auftragen.

Die gegenteilige Wirkung erreicht man jedoch, wenn Sie zu viel Nagellackentferner in den Nagellack einfüllen.

Das kann die Frustration einer Frau erheblich ansteigen zu lassen, wenn der Nagellack einfach nicht trocknen will.

Lippenstift in Sparversion

Der Lippenstift gehört bei Frauen zu den Dingen, die ihr heilig sind. Meistens nach dem Essen oder vor einem Date werden die Lippen noch einmal schnell nachgezogen. Denn die moderne Frau will immer gut aussehen.

Also ist das kleine Utensil das perfekte Racheziel.

Kürzen Sie doch den Lippenstift Ihrer Ex und das radikal bis auf den Halter. Ihre Expartnerin wird es erst dann merken, wenn sie den Lippenstift benötigt.

Das Wutpotential wird ziemlich hoch sein bei Ihrer Ex. Und Ihr Spaßpotential riesig.

Enthaarungsmittel im Shampoo

Diese Rachestrategie ist wirklich Hardcore und sollte nur in Extremfällen angewandt werden.

Mischen Sie Ihrer Ex doch mal ein Enthaarungsmittel in ihr Shampoo.

Das Resultat dürfte hier auf der Hand liegen.

Allerdings ist auch hier Vorsicht geboten, denn dieser Streich erfüllt bereits den Tatbestand der schweren Körperverletzung.

Überlegen Sie sich also genau, ob Sie so weit gehen wollen.

Eine etwas harmlosere Variante stellen wir Ihnen im nächsten Kapitel vor.

Pfefferminzöl im Shampoo

Jetzt werden Sie sich fragen, was daran besonderes sein soll. Probieren Sie es aus.

Je nachdem, wie viel Tropfen Sie in die Flasche füllen, werden Sie ein leichtes bis stärkeres Brennen auf der Kopfhaut fühlen.

Im ersten Moment wird Ihre Expartnerin auf die berüchtigte Enthaarungscreme tippen, weil dieser Trick sehr bekannt ist.

Dass es sich um harmloses Pfefferminzöl handelt, wird ihr gar nicht einfallen. Die Panik dürfte jedenfalls riesengroß sein.

Doch übertreiben Sie nicht mit der Dosierung. 3 bis 4 Tropfen gut vermischt auf eine 300 ml Flasche reichen völlig aus.

Kommt das Pfefferminzöl nämlich in die Augen, kann das richtig brennen und es entsteht eine große Verletzungs- und Unfallgefahr.

Haarfärbung vertauschen

Das ist auch eine sehr gemeine Rache, denn Frauen achten sehr darauf, wie sie ihr Haar pflegen.

Dazu gehört auch die Haartönung oder Haarfärbung. Also verhelfen Sie doch mal Ihrer Expartnerin zu einem neuen Look.

Tauschen Sie die kleinen Fläschchen in der Packung Ihrer Ex gegen die einer anderen Farbe aus.

Das Ergebnis sollte nicht zu auffallend von der bisherigen Färbung abweichen.

Zum einen kann eine aufmerksame Frau an Hand der Tönungscreme erkennen, ob es sich um die bevorzugte Farbe handelt.

Zum anderen können Sie bei einer Färbeaktion von beispielsweise blond auf Grün oder Schwarz gerichtlich belangt werden wegen Körperverletzung.

2. Zu Hause

Hand in warmes Wasser

Wie peinlich, wenn man als erwachsener Mensch noch ins Bett nässt, oder?

Also machen Sie sich doch mal den Wohnungsschlüssel der Ex zunutze!

Schleichen Sie sich frühmorgens in die Wohnung und stellen Sie eine Schüssel mit warmem Wasser neben das Bett.

Dann platzieren Sie die Hand der Ex in der Schüssel und machen Sie sich davon. W

Warum das so ist, wer weiß?

Aber Ihre Expartnerin wird mit größter Wahrscheinlichkeit ins Bett machen.

Klarsichtfolie unter die Toilettenbrille

Das ist so richtig gemein.

Spannen Sie doch mal unsichtbar ein Stück Klarsichtfolie unter die Toilettenbrille der Ex.

Der Spaß kommt, wenn sie das nächste Mal den Lokus aufsucht.

Großputz inklusive!

Die CD-Sammlung

Auch Frauen lieben Musik und natürlich haben sie auch Lieblings-CDs.

Wie wäre es, wenn Sie die CDs mit einem Kratzschwamm (harte Seite) abwaschen?

Oder mit etwas Scheuersand blank polieren?

Schließlich wollen Sie die Sachen Ihrer Ex ordentlich und sauber zurückgeben.

In den meisten Fällen sind die CDs hin und ob das nun durch Sie mutwillig zustande kam, das wird man Ihnen nicht nachweisen können.

Die Hundekottüte

Das ist ein klassischer Kinderstreich in den USA.

Bitten Sie doch mal ein paar Kinder, der Ex eine brennende Papiertüte mit einem kleinen Präsent darin vor die Tür zu packen.

Dann klingeln die kleinen Racker und laufen weg, während Sie aus sicherer Entfernung zusehen.

Der Hintergedanke: 8 von 10 Leuten versuchen, die brennende Tüte panisch auszutreten.

Die Überraschung ist perfekt!

Überraschung im Zimmer

Wenn die Ex das nächste Mal in den Urlaub fährt, ist Ihre Stunde gekommen.

Schleichen Sie sich in deren Wohnung und verstecken Sie ein paar übelriechende Lebensmittel an verschiedenen Stellen.

Weiterer Vorteil: der üble Geruch wird eher zu- als abnehmen.

Schließlich unterliegen Nahrungsmittel einem natürlichen Verfall.

Wenn sie dann aus dem Urlaub zurückkehrt, herrscht erst einmal dicke Luft zuhause.

Und das im wahrsten Sinn des Wortes.

3. Ihr Auto

Das Auto verdrecken

Auch Frauen bedeuten ihr Auto zunehmend mehr als bloß als ein reines Transportmittel.

Womit also trifft man sie relativ sicher persönlich?

Mit gezielten Attacken gegen den kleinen Lady-Flitzer.

Bleiben Sie doch vorerst einmal ganz harmlos und verdrecken Sie ihren Wagen mit Staub, Schlamm oder (was schon etwas härter wäre) mit Hundekot.

Mit Ekelgefühlen dürfte sich ein richtiger Kerl ja nicht unbedingt herumplagen.

Aber falls doch: denken Sie einfach daran, wie sehr SIE sich erst ekeln wird!

Auto mit peinlichen Parolen beschmieren

Die Steigerung des Autoverschandelns stellt das Beschmieren mit peinlichen Sprüchen dar.

Überlegen Sie sich doch mal ein paar richtig geschmacklose Zitate. Beachten Sie aber, diese sollten möglichst aus maximal 3 Wörtern bestehen.

Die Farbe, mit der Sie das Auto verzieren, sollte allerdings leicht abwaschbar sein.

Also bitte keine Lacke oder Graffiti! Denn das zählt dann unter Sachbeschädigung und kann teuer für Sie werden.

Handynummer

Wollen Sie sie mal so richtig nerven?

Dann schreiben Sie doch ihre Handynummer gut lesbar auf ihr Auto mit dem passenden Spruch daneben!

Die Wahrscheinlichkeit ist relativ hoch, dass sie zumindest ein paar schlüpfrige Sprüche übers Telefon zu hören oder zu lesen bekommt.

Zu verkaufen!

Die Steigerung der Handynummer auf dem Auto:

Ein „zu verkaufen"-Schild quer über die Scheibe!

Am besten schreiben Sie auch noch einen absoluten Dumpingpreis als VB (Verhandlungsbasis) dazu.

Dann dürfte sich die Ex vor dem Telefonterror von diversen Autoexporteuren nicht mehr retten können!

„Susi fährt mit"

Wie wäre es denn mit so einem Aufkleber, der auf Babys an Bord des Fahrzeugs hinweisen soll?

Besorgen Sie sich doch mal einen Schlumpfsticker mit dem Namen der Ex und pappen Sie ihn an ihr Auto.

Das sollte allerdings an einer Stelle sein, die sie nicht sofort sieht, aber andere Verkehrsteilnehmer hingegen schon.

Am besten wirkt ein solcher Aufkleber natürlich an einem richtig spritzigen kleinen Sportwagen.

An einem hässlichen, spießigen Kleinwagen wirkt das Ganze wiederum sehr ironisch.

Abfalltransporter

Ebenfalls sehr gut macht sich ein einfaches und vor allem großes „A" als Aufkleber.

Insbesondere auf einem Protzmodell macht sich das allseits bekannte Zeichen für 'Abfalltransport' ausgezeichnet.

Friseusenporsche

Pappen Sie der Ex doch mal die Aufschrift „Friseusenporsche" auf das Auto.

Wieder so, dass sie es nicht sieht, aber die anderen Verkehrsteilnehmer.

Egal welches Modell, die Fahrerin wird auf jeden Fall mittels Klischee abqualifiziert.

Büchsengerassel

Bei Hochzeiten zu erwarten und einfach ein Teil des Ganzen, ist die Kette aus Büchsen im Alltag allerdings kein gängiges Anhängsel für Autos.

Also binden Sie der Ex doch mal eine solche Klapperschlange ans Auto.

Der Spaß ist auf Ihrer Seite, wenn nicht nur sie, sondern auch alle anderen Verkehrsteilnehmer in Hörweite vor Schreck zusammenfahren.

Klopapier

Umwickeln Sie ihr Auto doch mal über Nacht mit Klopapier!

Das ist zwar nicht die neueste Idee, kommt aber vor allem zu Karneval immer wieder gut.

Wenn sie dann am nächsten Morgen mit dümmlichem Gesichtsausdruck vor ihrem Wagen steht, sind ihr einige schadenfrohe Lacher von frühen Passanten so gut wie sicher.

Kratzer am Wagen

Frauen sehen in einem Lackkratzer wahrscheinlich weniger eine Ursache für Herzbluten.

Vielmehr ist dieser für sie ein dummes Ärgernis.

Schließlich muss er zeitnah behoben werden, um Folgeschäden durch Rost zu vermeiden und das wird teuer.

Allerdings müssen irgendwelche Schadensersatzforderungen oder gar eine Anzeige wegen Sachbeschädigung nicht sein.

Um das Risiko zu umgehen, besorgen Sie sich am besten einen Lackkratzeraufkleber aus dem Scherzartikelversand.

Und dann noch ihre Reaktion auf den Anblick des beschädigten Wagens beobachten- perfekt!

Nummernschilder

Eine andere Variante zum Thema Auto wäre das Übermalen oder Klauen der Nummernschilder.

Dies wird der Frau im Gegensatz zum Mann nicht weniger wehtun als der Kratzer.

Immerhin hält sie das gerade unter Zeitdruck bedeutend länger auf als die Scharte im Lack.

Schließlich darf sie ja ohne amtliches Kennzeichen nicht am Straßenverkehr teilnehmen.

Daher bedeuten die übermalten oder gar geklauten Kennzeichen zumindest eine ordentliche Verzögerung ihres Aufbruches.

4. Ihr Aerobic-Kurs

Kurskolleg(inn)en

Erzählen Sie doch mal peinliche Stories über die Ex in deren Sportkurs oder in einem anderen ihrer regelmäßigen Gruppentreffs herum.

Die können von seltsamen Schnarchgeräuschen in der Nacht über übelriechende Verdauungsstörungen bis hin zu fragwürdigen sexuellen Vorlieben reichen.

Besonders mit letzterem Thema werden Sie sehr viele willige Zuhörerinnen haben. Und wer soll es nicht besser wissen als Sie, Ihr Expartner.

Stinkige Dinge im Spind hinterlegen

Verschwitzte Shirts, stinkige Socken, Müffelschuhe?

Perfekt. Alles rein in den Spind der Ex.

Auf dass sich das Aroma beim nächsten Öffnen des Spindes verbreiten möge!

Die unsägliche Peinlichkeit, der die Ex sich hiernach ausgesetzt sieht, ist kalkuliert und selbstverständlich gewollt.

Die Blamage ist perfekt, wenn sie dann darauf angesprochen wird und dabei erwartungsgemäß in Erklärungsnot gerät.

5. Klamotten und Schuhe

Klamotten beim Schneider ändern lassen

Sie haben noch Klamotten von der Ex in Reichweite?

Geben Sie diese doch einfach mal mit einem Änderungswunsch zum Schneider!

Am besten eignet sich das unauffällige Kürzen oder das Verengen von Klamotten um zwei Kleidergrößen.

Sie wird sich fragen, wie sie plötzlich so sehr zugenommen haben kann und Sie können sich entspannt zurücklehnen und sich ins Fäustchen lachen.

Kleidung zerschneiden

Veranstalten Sie doch mal eine kleine Patchwork-Party mit den Klamotten Ihrer Ex.

Dafür sollten Sie sich vielleicht nicht unbedingt das Cocktailkleid von Versace aussuchen.

Aber wenn sie noch ein paar nicht ganz so teure Stücke von ihr in Ihrer Wohnung finden, dann toben Sie sich doch mal ordentlich daran aus.

Und wer weiß, eventuell ist ja ein Hobbydesigner an Ihnen verloren gegangen?

Natürlich sollten Sie der Ex die neu designten Stücke dann auch zukommen lassen.

Die ganze Arbeit soll ja nicht umsonst gewesen sein, oder?

Klamotten in Übergröße zuschicken

Wenn die Expartnerin vielleicht schon einen Neuen hat, könnten Sie sich überlegen, ob Sie ihr einfach mal ein kleines Präsent machen.

Geben Sie ihr doch einige Teile zurück, die bei Ihnen liegen geblieben sind und die sie in einem Katalog bestellt hat.

Dass Sie die Kleidung 2-3 Nummern zu groß bestellt und damit die anderen Sachen ersetzt haben, spielt dabei eine große Rolle für diesen Streich.

Der Neue wird denken, sie leide unter Gewichtsschwankungen.

Das wird sicher keine wirklich drastische Gefahr für die neue Beziehung darstellen, aber peinlich wird's für sie allemal.

Schuhe und Accessoires

Dasselbe lässt sich auch auf Schuhe und Accessoires übertragen.

Schicken Sie ihr doch ihr eigenes Schuhwerk einmal in Übergröße zu: Der Neue wird erst einmal davon ausgehen, dass sie auf 'großem Fuß' lebt.

Bei Accessoires funktioniert das Ganze natürlich ein bisschen anders: hier sollten Sie zu möglichst hässlichen und billig aussehenden Stücken greifen und ihr wie selbstverständlich zukommen lassen.

Nehmen Sie nur einmal den hässlichen Wollfetzen, der sich anmaßt, Mütze sein zu wollen.

Aber auch gruselbunte Halsketten und Ohrringe eignen sich hervorragend für diesen Zweck.

Es soll letztendlich möglichst glaubhaft gemacht werden: 'Hier, da hast du deinen Kram zurück.'

Schuhe vom bösen Hund zerkauen lassen

Beim Thema Schuhe kann man natürlich das Pferd auch andersherum aufzäumen. Wohl gemerkt sind Schuhe einer Frau heilig.

Umso mehr trifft es Sie, wenn Sie folgende Aktion durchziehen.

Haben Sie einen Welpen oder kennen Sie vielleicht jemanden, der gerade Hunde-Zuwachs bekommen hat?

Dann lassen Sie den Kleinen doch mal genüsslich auf den (Lieblings)Schuhen der Ex herumkauen. Damit der kleine Racker auch richtig viel Lust auf die Schuhe bekommt, reiben Sie den Schuh mit getrockneten Pansen ein oder verstecken Sie das Lieblingsleckerli darin.

Der Kleine wird sich voller Freude über das neue Spielzeug hermachen.

Fazit: Spaß für Hund und Herrchen - und natürlich für Sie.

Lieblingsschmuck verstecken

Noch Schmuck von der Ex vorhanden?

Klasse.

Dann lassen Sie doch am besten ihre Lieblingsstücke auf Nimmerwiedersehen verschwinden.

Am besten verschenken Sie die Sachen und erzählen ihrer Ex davon. Allerdings sollten Sie ihr gegenüber nicht erwähnen, wer mit ihrem Lieblingsschmuck beehrt wurde.

Sonst könnte sie sich das Ganze ja eventuell zurückholen.

Pfandleihe

Dieser Tipp ist auch ein amüsanter Weg, um der Ex die Freude an ihrem Lieblingsschmuck zu verleiden.

Beleihen Sie die Stücke doch mal bei einem Pfandleiher.

Die beliehene Summe müssten Sie ihr natürlich überlassen. Das Geld gehört ihr.

Allerdings hätte sie dann auch den Ärger, sich die Stücke wieder zurück zu bekommen, denn zu welchem Pfandleiher Sie diese gebracht haben, verraten Sie ihr natürlich nicht.

Schmuck verkaufen

Um den Triumph zu maximieren, verkaufen Sie das Zeug doch an einen Juwelier.

Erst nach einer Woche lassen Sie ihr die Schätzungsurkunde und den Erlös zukommen.

Dann ist es fast unmöglich, den Schmuck zurück zu kaufen.

Alles andere wäre übrigens Diebstahl. Also haben Sie ohnehin keine Alternative, als ihr das Geld zu überlassen.

Schmuck ganz anders zurückgeben

Solange es sich nicht um Designerschmuck handelt, können Sie diesen Tipp anwenden.

Auf die Idee brachte mich ein Ex-Freund einer Bekannten. Er gab ihr den Schmuck, den er von ihr hatte, in einem kleinen Silberbarren zurück.

Er hatte ihren Schmuck einschmelzen lassen. Das war auch sein gutes Recht gewesen, denn immerhin hatte er ihr diese Sachen geschenkt.

Ehrlich gesagt, das Geheul und Gejammer wie ihr verblüffter Gesichtsausdruck war unbezahlbar.

IV. Privatbereich

1. Bekanntenkreis

Gerüchte

Was nur der weite Bekanntenkreis ist, muss nicht zwingend auf irgendeine Seite gezogen werden.

Aber unschöne Gerüchte streuen lohnt sich allemal und macht dazu noch ziemlichen Spaß.

Lassen Sie sich bei allen Gelegenheiten über merkwürdige sexuelle Vorlieben, übelriechende Körperausdünstungen und derlei mehr aus.

Sie wird das Gefühl haben, in ihrem sozialen Umfeld Spießruten zu laufen.

Geräuschkulisse

Wahrscheinlich treffen Sie sie ja hin und wieder mal bei einem offiziellen Anlass.

Vielleicht haben Sie ja sogar das Glück, dass sie bei der Gelegenheit eine Ansprache hält?

Dann ist Ihre Chance gekommen!

Mit der entsprechenden Vorbereitung können Sie die ganze Gesellschaft glauben machen, dass Ihre Ex keinerlei Manieren hat.

Dazu eignen sich Geräusche von Darmwinden ebenso wie ein herzhaftes Rülpsen. Erhältlich in jedem Scherzartikelladen.

2. Freundeskreis

Freunde abwerben

Meine Freunde, deine Freunde?

Nein, nach einer Trennung mit Rachepotential garantiert nicht mehr!

Streuen Sie die entsprechenden Informationen an den passenden Stellen aus.

Damit sorgen Sie dafür, dass sich der ehemals gemeinsame Freundeskreis geschlossen auf Ihre Seite schlägt!

Das können wieder die Klassiker Fremdgehen, Missachtung oder finanzielle Ausbeutung sein.

Wenn Sie es ganz hart mögen und Ihr Ego damit klar kommt, können Sie natürlich auch den geschlagenen Mann mimen.

Natürlich sind auch viele andere Informationen hilfreich. Hauptsache, man nimmt Ihnen die Stories ab.

3. Familie

Ex-Schwiegereltern

Oft genug kommt es vor, dass man sich auch nach einer Trennung noch blendend mit der Ex-Schwiegerfamilie versteht.

Also ran an den Speck, also in diesem Fall die Ex-Schwiegereltern.

Womit könnten Sie Ihre Ex wohl mehr nerven, als mit der Tatsache, dass ihre Eltern nach wie vor Kontakt zu Ihnen haben und sich super mit Ihnen verstehen?

Dabei sollen Sie natürlich nicht versuchen, sich ins rechte Licht zu rücken, um sie zurückzugewinnen.

Nein, es geht hier lediglich darum, sie ein wenig zu frustrieren.

Andere Verwandte der Ex

Auch der Rest der Familie wird sich sicherlich auf Ihre Seite schlagen, wenn Sie erst einmal ein paar unschöne Trennungsgeschichten zum Besten gegeben haben.

Natürlich muss SIE dabei denkbar schlecht wegkommen.

Und vergessen Sie nicht, sich dabei in ein günstiges Licht zu schieben. Beschreiben Sie, wie Sie gelitten haben und still alles geduldet haben, weil Sie Ihre Expartnerin so sehr geliebt haben

Das Ende vom Lied: Sie muss sich von ihrer eigenen Familie vorhalten lassen, wie mies sie Sie doch behandelt hat.

4. Neue Flamme

Peinliche Aktion

Das können Expartner ja ganz besonders gut: Sie blamieren mit großem Vergnügen Ihre Verflossenen vor deren neuen Partnern.

Also überlegen Sie sich doch mal eine richtig peinliche Aktion, mit der Sie zwar auch sich selbst, aber vor allem Ihre Ex vor deren neuer Flamme so richtig blamieren können.

Das könnte beispielsweise eine Eifersuchtsszene sein, aber auch Untreuevorwürfe sind immer beliebt.

Was der Neue von Ihnen hält, kann Ihnen ja letztlich egal sein. Hauptsache Ihre Ex ist erstmal unten durch und schäumt vor Wut.

Aus dem Nähkästchen

Sie können natürlich auch die „Kumpelmasche" bemühen und dem Neuen ein paar Schwänke aus der Beziehung mit Ihrer Ex erzählen.

Was sie so für nervige Macken hat, welche (möglichst befremdlichen) Neigungen sie hat etc... Übertreiben Sie nicht gleich. Es muss so rüberkommen, als seien Sie fertig mit Ihrer Expartnerin.

Oder schwelgen Sie in vergangenen Erinnerungen. Sind diese vielleicht mit den gemeinsamen Erlebnissen des neuen Freundes identisch, umso besser. Dann wird nämlich der Gute überlegen, was da auf ihn zukommt.

Das kann der Wahrheit entsprechen, muss es aber nicht zwingend.

Auch hier gilt wieder: Hauptsache, der Neue wird ein wenig verschreckt.

Peinliche Stories

Die Steigerung des Nähkästchens?

Klar, die ganzen peinlichen Zwischenfälle, die während einer Partnerschaft eben nicht ausbleiben.

Wurden Sie mal irgendwo beim öffentlichen Liebesspiel erwischt?

Oder ist der Ex vielleicht mal irgendwo beim Bücken die Hose geplatzt?

Sie dürfen sich auch gern Geschichten ausdenken.

Die Kindermasche

Aus einer alten Werbung entliehen und immer wieder sehr wirksam – die Kindermasche.

Dazu heuern Sie einen kleinen Knirps an und lassen ihn im richtigen Moment auf den neuen Freund Ihrer Ex mit einem lauten „Papa, Papa!" loslaufen.

Das dürfte erst einmal richtig viel Ärger geben, bevor die Situation aufgeklärt ist.

Neuen Partner verführen lassen

Die Expartnerin hat schon wieder einen Neuen am Start?

Da ergeben sich natürlich auch noch Möglichkeiten.

Gerade Männer nehmen es ja mit der körperlichen Treue in der Anfangsphase oft nicht so genau.

Bitten Sie doch mal eine Freundin, diesem Neuen etwas auf den Zahn zu fühlen und zu schauen, wie weit sie bei ihm gehen kann.

Meist reichen ja schon relativ harmlose Aktionen- Hauptsache, die Ex bekommt es brühwarm mit.

V. Arbeitsplatz

1. Kleiner Schabernack im Büro

Kaffeestreich

Ist die Ex eine Kollegin von Ihnen? Das trifft sich ja super.

Aber selbst wenn sie das nicht ist, gibt es Mittel und Wege, diese Aktion zu realisieren.

Versuchen Sie doch mal den Kaffeestreich: tauschen Sie nach und nach die Kaffeerationen der Ex gegen entkoffeinierten Kaffee aus, bis die nur noch koffeinfrei trinkt, ohne etwas davon zu ahnen.

Damit ist der Spaß natürlich noch nicht vorbei, denn bleierne Müdigkeit im Büro ist ja nun wirklich noch keine angemessene Rache.

Wenn die Ex nun bereits einige Zeit koffeinfrei lebt, jubeln Sie ihr doch -oh welch Gaudi- eine extrastarke Röstung unter! Eines ist mal sicher: Müdigkeit wird diese Dame ganz bestimmt nicht mehr plagen!

Kopiererstreich

Hat die Ex öfter mal Zeitdruck, wenn sie zum Beispiel für den Vorgesetzten ganz schnell eine riesige Latte Kopien anfertigen muss?

Dann legen Sie sich doch mal auf die Lauer. Und just bevor sie zum Kopierer geht, stellen Sie das gute Stück auf 99 Kopien á DIN A3-Format.

Was für ein Ärgernis, und Sie können sich in ihrem sicheren Versteck gemütlich ins Fäustchen lachen, während sie vor Wut schäumend am Kopiergerät steht.

Das ist Schadenfreude vom Feinsten!

Die Postabteilung

Hat die Firma Ihrer Ex eine Postabteilung?

Dann schicken Sie ihr doch mal eine kleine Liebesbotschaft der „warmen Art", natürlich auf Postkarte, damit alle Angestellten diese auch lesen können.

Der Wortlaut könnte beispielsweise sein:

„Liebste XY, lustvolle Grüße aus dem Kissenparadies. Ich erwarte dich sehnsüchtig zu unserer nächsten 'Sitzung' ;). Kuss, deine Susi"

Ihre Ex wird sicher einige konsternierte Blicke ernten. Vielleicht bekommt sie ja sogar ein paar schlüpfrige Angebote?

2. Kollegen

Kollegen der Ex nerven und belästigen

Der Arbeitsplatz ist auch ein wunderbares Feld, um sich rachetechnisch ordentlich auszutoben.

Schließlich ist ein guter Ruf am Arbeitsplatz doch beinahe überall von recht großer Wichtigkeit.

Also versuchen Sie es doch mal so: nerven und belästigen Sie die Kollegen Ihrer Ex.

Dabei sind Ihrer Phantasie überhaupt keine Grenzen gesetzt. Sie können jammern, fluchen, üble Geschichten über die Ex erzählen und vielerlei mehr.

Eines ist aber noch zu beachten: die fraglichen Kollegen sollten natürlich auch wissen, dass Sie der Ex von XY sind.

Kolleginnen der Ex plump angraben

Noch eine Schippe draufgelegt.

Baggern Sie doch mal die Kolleginnen der Ex an.

Diese Anmachversuche sollten selbstverständlich so plump und vulgär wie nur möglich ausfallen.

Oder hat sie Ihnen mal von einer Kollegin erzählt, auf die sie neidisch ist. Na , dann ran die Gute und seien Sie ein richtiger Macho.

Hauptsache, die Ex steht so richtig blöd da.

Peinliche Szene hinlegen

So etwas können ja eigentlich Frauen ziemlich gut.

Aber warum sollte nicht auch mal ein Mann einen richtig peinlichen Auftritt hinlegen?

Ob Sie ihr nun eine öffentliche Eifersuchtsszene vorspielen oder aber ihr Untreue, Abzocke oder ähnliches in der Beziehung vorwerfen.

Noch besser, wenn sie in einer Bank oder in einem Amt arbeitet. Werfen Sie ihr eine Szene hin, die sich gewaschen hat und das mitten im größten Publikumsverkehr.

Und vor allem: Tun Sie es recht laut!

Schlägertypen spielen

Die Steigerung einer solchen Szene?

Wenn es bereits einen Neuen gibt, drohen Sie ihm doch mal Prügel an!

Aber auch die unterstellten (womöglich sogar realen) Seitensprünge können gern für solche Prügeldrohungen herhalten.

Peinlicher geht es kaum noch.

Und noch schlimmer: diese Aktion qualifiziert sie und ihre Menschenkenntnis völlig ab.

Schließlich war SIE ja mal mit Ihnen, dem Schläger, zusammen.

3. Der Vorgesetzte

Fiese Gerüchte

Wollen Sie Ihrer Ex auf der Chefetage auch noch ordentlich schaden?

Dann lassen Sie deren direkten Vorgesetzten doch auch mal an Ihren Beziehungsgeschichten teilhaben!

Ihre Ex kann Sie beispielsweise beklaut, betrogen oder sogar misshandelt haben.

Danach sollte der Chef ordentlich ins Grübeln kommen, was die menschlichen Qualifikationen seiner Mitarbeiterin angeht.

Diese Racheaktion kann Ihrer Ex allerdings beruflich erheblich und nachhaltig schaden- überlegen Sie also gründlich, ob Sie das verantworten können und wollen.

4. Eigenes Geschäft

Kunden vergraulen

Ist Ihre Expartnerin selbständig?

Dann versuchen Sie doch mal, ihr die Kundschaft ordentlich zu verschrecken. Das könnte im Gastronomiebereich zum Beispiel eine Ungezieferplage sein, oder aber im Steuer- und Finanzbereich ein Betrugsvorwurf.

Wieder einmal hat die Phantasie ziemlich freie Bahn.

Bedenken Sie aber auch hier, dass Sie mit dieser Aktion nachhaltigen und auch schwer absehbaren Schaden anrichten können.

Vor allem können Sie zur Rechenschaft gezogen werden, unter anderem mit einer Verleumdungsklage.

VI. Das World Wide Web

1. Emails

Kontakte verwirren

Arbeiten Sie doch mal das Email-Adressbuch der Ex ab und gehen ihren Kontakten so richtig auf den Keks.

Am besten nerven Sie die Geschäftskontakte Ihrer Ex ordentlich.

Schreiben Sie entweder totalen Schwachsinn oder aber offensichtlichen Spam.

Sehr bald sollten sich die Geschäftspartner Ihrer Ex von dieser distanzieren.

Indiskretion

Um diesen Effekt zu beschleunigen, können Sie auch einige Alibiadressen anlegen und sensible Kontakte mit unerwünschten Anfragen nerven.

Vergessen Sie dabei jedoch nicht, auf die Ex hinzuweisen. Schließlich hat die Ihnen die Kontaktdaten überlassen und Sie ermutigt, den Kontakt aufzunehmen.

So etwas dürfte allerdings den geschäftlichen Tod Ihrer Ex bedeuten, wenn nicht gar eine Flut von Strafanzeigen

Überlegen Sie also vorher, ob Sie so weit gehen wollen.

Spam-Emails öffnen

Spam-Emails können sehr großen Ärger verursachen.

Nicht selten hat man plötzlich unerwünschte Besucher auf dem Computer.

Also öffnen Sie doch einfach mal den Spam-Filter in der Mailbox Ihrer Ex. Vielleicht hat die dann ein paar Viren oder Würmer mehr auf dem Rechner.

Dabei sollten Sie natürlich darauf achten, derlei auch nur auf dem Computer der Ex und nicht auf Ihrem eigenen zu öffnen.

2. Instant Messenger

Freunde verprellen

Haben Sie noch Passwörter der Ex zur Verfügung? Sehr gut.

Loggen Sie sich doch mal in den Instant Messenger (MSN, Skype, ICQ) ein und beginnen Sie, ihre Freunde mit Sinnlostexten zu nerven.

Alternativ können Sie natürlich auch zu härteren Mitteln greifen und die Messengerfreunde Ihrer Ex beleidigen oder beschimpfen.

Unbekannte zur Freundesliste hinzufügen

Sehr unerwünscht: Irgendwelche Fremden, die in Hundertschaften Messenger Profile anschreiben und um Aufnahme in die Freundesliste bitten.

Oft genug kommen solche 'Requests' von Spammern oder Datenjägern und man tut gut daran, sie abzuweisen.

Im schlimmsten Fall hat man dann nämlich sogar bösartige Viren oder Würmer auf dem Rechner.

Also lassen Sie die Spammer doch einfach mal rein.

Noch besser: Ändern Sie die Einstellungen der Ex so, dass jede Freundschaftsanfrage sofort akzeptiert wird!

3. Chats & Co.

Chatbekanntschaften

Ist die Ex in irgendwelchen Chatcommunities aktiv?

Betreten Sie einmal mit dem Nickname Ihrer Ex den Chatroom und sehen erst einmal, wer Sie freudig begrüßt.

Damit wissen Sie bereits, wer ihre 'Chatfreunde' sind.

Genau diese sollten Sie dann aufs Korn nehmen und entweder mit dümmlichen Sprüchen nerven oder aber sie beleidigen.

Gerüchteküche

Auch ein Chat ist gerüchtetechnisch nichts anderes als ein Schlangennest.

Also loggen Sie sich doch mal inkognito ein und streuen ein paar mehr oder weniger fiese Gerüchte.

Erzählen Sie den Chatfreunden Ihrer Ex ein paar intime Details.

Die müssen nicht der Wahrheit entsprechen, nur peinlich sollten sie sein.

4. Facebook, Twitter & Co.

Statusleiste

Wir wollen hier natürlich keine plumpen Racheaktionen, mit denen Sie sich vor Ihrer Ex nur selbst bloßstellen.

Also keine Sprüche wie 'Ich bin eine verlogene Schlampe' oder vergleichbares.

Vielmehr sollten die Sprüche subtil sein und dadurch beim Leser ein sehr reges Kopfkino anfachen. Versuchen Sie es doch mit einem: „Ich bin lieber arbeiten, als mit einem Mann zusammen."

Der Spruch mag harmlos wirken, aber lesen Sie ihn zweimal mehr und überlegen Sie sich, was für Gedanken den anderen dabei kommen. Richtig! Ist sie vielleicht lesbisch, oder kennzeichnet sie sich selbst als Arbeitstier oder als Männerhasserin?

Die Deutungen sind vielfältig und lassen der schmutzigen Fantasie anderer jede Menge Spielraum.

Meldungen

Bei den Meldungen dürfen Sie sich dann aber so richtig austoben, die lesen ihre Kontakte nämlich sofort, wenn sie sich einloggen.

Zum Beispiel könnte da so etwas stehen wie: 'Die Kakerlaken tanzen schon wieder den Hula- und die haben echt null Taktgefühl!' Die naheliegende Vermutung des Lesers: die Ex ist sicher auf Droge!

Aber auch Sprüche wie
„Die Gurke hat gekotzt und dabei hab ich doch vorher gebadet!"
oder auch
„Wieso riecht das so seltsam, wenn ich mich bücke?"

Das lässt nicht viel Raum für Interpretation.

Frei nach dem Motto: 'Ein Schelm, wer Böses dabei denkt!'- und wer bitte ist denn keiner?

Fotos

Gerade nach längeren Beziehungen hat man ja oft noch Fotos auf dem Rechner und weiß nicht, ob man sie behalten oder löschen soll.

Machen Sie doch mal etwas Sinnvolles damit!

Suchen Sie sich die peinlichsten, intimsten oder auch einfach lächerlichsten Bilder heraus und stellen Sie diese auf die Facebook- oder Twitter-Seite der Ex- zusammen mit den passenden Kommentaren, versteht sich.

Natürlich können Sie diese auch einfach auf Ihrem eigenen Account veröffentlichen, damit verhindern Sie gleichzeitig, dass die Ex sie sofort wieder löscht.

Außerdem haben Sie so die Möglichkeit, die Fotos der gesamten Facebook-Community zugänglich zu machen

Die Privatsphäre Funktion

Das kleine Häkchen bei der Privatsphäre Funktion kann man herausnehmen. Dann kann jeder Hinz und Kunz lesen, was die Ex in ihrem Bereich so verzapft.

Ihre Fotos werden natürlich dann auch öffentlich angezeigt.

Zum einen kann das peinlich sein, zum anderen kann diese Entsicherung schlichtweg ein ziemliches Nervpotential entfalten, wenn der Falsche über das Profil stolpert.

Party die Erste!

Soziale Netzwerke sind eine feine Sache.

Man könnte beispielsweise einfach mal im Account der Ex eine Riesenparty ankündigen und ihren gesamten Freundeskreis dazu einladen.

Natürlich sollten Sie vorher in Erfahrung bringen, wann sie zu Hause ist.

Besonders gut eignet sich diese Aktion nach einem langen, harten, stressigen Arbeitstag Ihrer Expartnerin.

Und: Sehen Sie zu, dass wirklich sämtliche Supermärkte bereits geschlossen haben!

Party die Zweite?

Was haben wir in jüngster Zeit gelernt?

Klar, Facebook ist ein hervorragendes Portal, um allen Freunden mit nur einem Klick Bescheid zu sagen, wann und wo die Party steigt.

Aber: was passiert wohl, wenn Sie dazu noch das kleine Häkchen in der Privatsphäre-Funktion entfernen?

Ja, dann setzen Sie die gesamte Facebook-Community von der Party in Kenntnis!

Die Ex wird sich gründlich satt haben, wenn plötzlich die wilden Horden vor ihrer Tür kampieren und nach Freibier brüllen.

Party die Dritte...

Selbst wenn Sie nicht in den Account der Ex gelangen, können Sie ihr dennoch ein Schnippchen schlagen.

Laden Sie doch mal über Ihr eigenes Profil deren gesamten Freundeskreis zu einer Überraschungsparty zu ihr nach Hause ein.

Auch hier gilt: am besten dann, wenn die Supermärkte zu sind und Ihre Ex einen langen, harten Arbeitstag hatte.

VII. Saisonale Racheaktionen

1. Halloween

Kürbis

Ein bisschen klischeehaft ist das natürlich schon: schnitzen Sie doch in den Halloweenkürbis statt der Gruselfratze einfach mal das Gesicht Ihrer Ex und stellen den Kürbis für möglichst viele Leute sichtbar nach draußen.

Ein bisschen handwerkliches Geschick gehört hier natürlich dazu.

Wer nicht so geschickt ist, keine Bange, nehmen Sie ein besonders hässliches Foto ihrer Ex, scannen Sie es ein und drucken Sie es aus. Dann kleben Sie es auf einen Kürbis und stellen Sie den vor die Tür Ihrer Expartnerin.

Wenn Sie es sich zutrauen, bearbeiten Sie das Bild nach dem Einscannen ordentlich. Lassen Sie Ihrer Kreativität freien Lauf. Schließlich ist Halloween.

Kinder

Wenn die kleinen Gruselkasper an Halloween vor Ihrer Tür stehen, können Sie natürlich auch dafür sorgen, dass genau diese kleinen Ungeheuer auch Ihrer Ex mal so richtig heimleuchten.

Immerhin heißt es ja nicht ohne Grund „Süßes oder Saures".

Eier und Klopapier an ihrer Haustür empfindet SIE sicher als ziemlich bitter- Salz in der Trennungswunde inbegriffen.

Kinderstreiche sind natürlich auch für die Betteltouren der kleinen Jecken zu Karneval oder aber beim Sternensingen am Nikolaustag eine sehr gute Idee.

Kinder sind ja auch wirklich sehr kreativ, wenn es um Streiche geht. Verlassen Sie sich bei der Ausführung ruhig auf Ihre kleinen Gewährshelfer.

2. Weihnachten

Knecht Ruprecht

Wer kennt sie nicht? In der Adventszeit werden die Einkaufszentren von Weihnachtsmännern ja regelrecht überschwemmt.

Und eigentlich sollen die Rotbefrackten auch nur die mitgebrachten Kinder der Kunden erfreuen. Also machen Sie sich doch auch mal einen kleinen Spaß.

Hetzen Sie der ahnungslos ihre Weihnachtseinkäufe tätigenden Ex den Ruprecht auf den Hals!

Wenn der Humor besitzt, macht er den kleinen Kalauer auch gern mit. Dann droht der Nikolaus Ihrer Ex entweder mit der Rute oder aber fordert lauthals ein Weihnachtslied von ihr.

In jedem Fall wird diese Aktion für jede Menge Lacher auf Kosten Ihrer Ex sorgen.

Geschenke

Hier brauchen Sie Zugang zu persönlichen Transaktionen Ihrer Ex.

Erlauben Sie sich doch mal einen Scherz mit ihren Weihnachtseinkäufen! Die meisten größeren Geschenke werden ja heutzutage eh im Internet bestellt und geliefert. Also warum nicht mal ein wenig in diesen Bestellungen herumpfuschen?

Dann bekommt Oma Elfriede statt des warmen Unterhemdes heiße Dessous.

Auch Klein Michi wird enttäuscht sein, wenn er nicht die ersehnte Spielkonsole, sondern nur irgendwelche blöden Bücher unterm Weihnachtsbaum findet.

Hier können Sie sich so richtig austoben.

Geschenke die Zweite

Hier benötigen Sie den Zugang zu den Emails und den Accounts bei Internetshops Ihrer Ex.

Möchten Sie lieber Ihrer Ex beim Sparen helfen?

Dann stornieren Sie doch ihre Einkäufe.

Das ist natürlich besonders peinlich, wenn kein Geschenk ankommt. Die Frustrationstoleranz Ihrer Ex wird mit jedem Tag mehr sinken.

Vergessen Sie bei dieser Aktion nicht, die entsprechende Stornierungsemail auch aus dem Papierkorb zu löschen.

Und der Spaß ist perfekt

3. Karneval

Der Berliner

Der Klassiker: jubeln Sie Ihrer Ex doch mal einen originell gefüllten Berliner zum Karneval unter.

Klar, Senf ist längst überholt. Aber vielleicht hat ja der Bäcker Ihres Vertrauens noch ein paar ekligere Ideen in petto?

Vielleicht wabbelige Speckschwartenstücke? Irgendeine schleimige, bittere Substanz?

Setzen Sie nur ihr Vertrauen in den Konditor, der wird sicherlich das passende finden!

Zettel ans Kostüm

Die Verflossene hat einen Fimmel mit ihrem Karnevalskostüm?

Sie legt dabei wahnsinnigen Wert auf Originalität?

Dann erlauben Sie sich mal folgenden Scherz: kleben oder klemmen Sie ihr einen Zettel mit der Aufschrift 'Ich bin ein...' mit der begrifflichen Erläuterung des Mummenschanzes auf den Rücken.

Wie peinlich für einen Karnevalsfreak, der ach so großen Wert auf eine ausgefallene Kostümierung legt.

Funkenmariechen

Auch ein fieser kleiner Kalauer zur Faschingszeit, der aber immer wieder seine Wirkung tut.

Wenn die Expartnerin bereits einen Neuen hat, kann man diesen neuen Freund anlässlich der 5. Jahreszeit bei Ihrer Ex auch mal ein wenig in Misskredit bringen.

Ein leichtbekleidetes Funkenmariechen, das ihm im richtigen Augenblick Avancen macht, kann da erstaunliche Effekte erzielen!

Oder kennt das Funkenmariechen ihn noch vom letzten Jahr? Und da waren beide auch noch im Bett gelandet und er war ja so toll gewesen.

Auch wenn es nicht der Wahrheit entspricht, der Neue wird mit Sicherheit eine Eifersuchtsszene geliefert bekommen.

Konfettiregen

Gerade zu Karneval macht sich natürlich ein Konfettistreich sehr gut.

Füllen Sie doch mal ihren Regenschirm mit Papierschnipseln und warten Sie ab, bis es mal wieder regnet.

Sie wird buchstäblich unterm Schirm im Regen stehen- und dabei aussehen wie eine Idiotin.

Übrigens besonders gut eignen sich für diesen Streich auch andere Sachen als Papierschnipsel wie Mehl oder Zucker und die kleinen Handtaschenschirme (Knirps).

4. Ostern

Eier

Was stellen wir mit dem Hasen- und Eierfest an? Klar, die echten Hoppler lassen wir als Tierfreunde natürlich außen vor, wenn es um Streiche geht.

Aber auch das Element „Eier" eröffnet interessante Perspektiven.

Ob als Sauerei an Haus, Auto oder im Garten, oder aber als faule Stinkbomben im Gras versteckt:

Das Thema Eier ist vielschichtig. Auch der Eiersalat kann dabei sehr nützlich sein.

5. Geburtstag

Das Alter

Ab einem bestimmten Alter bekommt ja so ziemlich jeder an seinem Geburtstag eine kleine oder auch größere Sinneskrise.

Der Scherzartikelhandel bietet ja für fortgeschrittene Geburtstage mittlerweile eine riesige Auswahl.

Hier werden Sie sicher das richtige Präsent finden, um ordentlich auf dem Alter Ihrer Ex herumzuhacken.

Trauerkarte

Die Steigerung zum vorherigen Punkt:

Eine Glückwunschkarte zum Geburtstag mit einem Kondolenzspruch vorn drauf!

Das ist zwar makaber, aber witzig!

Hierfür eignet sich eigentlich so ziemlich jede Trauerkarte mit einem Pseudo-eloquenten Spruch auf dem Deckblatt.

Innen können Sie ja dann noch einen persönlichen bösen Spruch hinterlassen.

Der böse Geburtstagsspruch

„Männer werden ja bekanntermaßen nicht älter, sondern nur besser. Frauen hingegen werden einfach nur älter. Und du meine Liebe, bist das beste Beispiel dafür."

Dieser klassische und darüber hinaus ziemlich frauenfeindliche Spruch bringt Ihre Einstellung zur Ex recht deutlich zum Ausdruck.

Am besten platzieren Sie ihn auf der Innenseite einer wunderschönen Geburtstagskarte.

Gutschein schenken

Wollen Sie Ihre Ex vielleicht auch noch mit deren Gewicht ein wenig aufziehen?

Dann schenken Sie ihr doch zum Geburtstag einen Gutschein von einem Geschäft für Übergrößen!

Oder verschenken Sie ein Diätbuch.

Oder was halten Sie von einem Gutschein für eine Faltencreme.

Statt einem Gutschein eignet sich auch eine Sammlung von Coupons für Age-Produkte.

6. Urlaub

Flug stornieren

Haben Sie noch die Möglichkeit, die Buchungen Ihrer Ex einzusehen? Wunderbar.

Wenn also bei ihr demnächst der erste Single-Urlaub seit Ihrer Trennung ansteht, dann sorgen Sie doch mal dafür, dass sie den niemals vergisst.

Das erste Mittel der Wahl?

Stornieren Sie doch klammheimlich den Flug zum ersehnten Urlaubsziel. Sie wird am Flughafen stehen und ihren Urlaub ins Wasser fallen sehen.

Und das Mitgefühl ihrer besten Freundinnen, die mit ihr zusammen verreisen wollten, macht die Sache sicher auch nicht besser.

Flug umbuchen

Auch eine sehr amüsante Variante:

Buchen Sie den Flug doch mal um!

Ob Sie nun das Reiseziel ändern (schicken Sie statt ans Meer in die Berge zum Wandern) oder einfach von Erster Klasse auf Touristenklasse wechseln, diese Aktion sorgt für jede Menge Frustration bei Ihrer Ex.

Aufgepasst: Ihre kleine Änderung ihrer Reisepläne sollte auf jeden Fall kurz vor dem Beginn des Urlaubs passieren. So hat sie kaum noch eine Chance das alles rückgängig zu machen.

In jedem Fall wird der Check-in unvergesslich für sie werden!

Hotelbuchung ändern

Hotels sind ja ohnehin immer so eine heikle Sache.

Welches Hotel soll man wählen? Ist es schön dort? Stimmt der Service? Und vor allem: Kann man sich auf die hochgelobten Urlauber-Bewertungsportale verlassen?

Sie hat sich also durch all diese Fragen erfolgreich hindurchgekämpft und das perfekte Hotel gefunden.

Und was jetzt? Nun kommen Sie natürlich ins Spiel. Sie haben freie Hand, welcher Streich Ihnen am meisten zusagt.

Möchten Sie sie in ein anderes Hotel verlegen lassen?

Dann suchen Sie sich am besten eine absolut berüchtigte Absteige heraus.

Aber vielleicht soll es dann doch lieber die sanftere Gangart sein?

Man könnte ja beispielsweise von einem Einzelzimmer auf ein Doppel- oder

Mehrbettzimmer umbuchen- unbekannte Schlafgesellschaft inklusive.

Aber auch die umgekehrte Variante kann sich anbieten.

Buchen Sie von einem Mehrbettzimmer auf ein Einzelzimmer um, wird das nämlich erfahrungsgemäß teurer.

Noch besser, wenn es ans Geld gehen soll: buchen Sie doch mal von einem normalen Zimmer auf eine Suite oder gar ein Penthouse um!

Das tut dann richtig weh in der Reisekasse.

Zusätzliche Racheakte aus der untersten Schublade

1. Finanzamt und Co.

Finanzamt

Mit dem Finanzamt mag keiner gern zu tun haben. Und fast jeder fürchtet sich vor einer Nachprüfung der Steuer durch das Finanzamt.

Wissen Sie etwas über die finanziellen Schliche Ihrer Ex? Oder auch nicht?

Bei dem Finanzamt kann man anonym Steuerhinterziehungen anzeigen. Und meistens werden die Mitarbeiter des Finanzamtes auch fündig.

Selbst wenn ein Steuerberater die Steuererklärung gemacht hat, dieser fertigt seine Berechnungen nur auf der Grundlage der herein gereichten Unterlagen an.

Der Ärger für Ihre Ex ist unglaublich groß, ebenso der Zeitaufwand und die Erklärungsnot für manche kleine Schummelei. Aber Sie können sich zurücklehnen und Ihre Rache genießen.

Arbeitsamt

Ist Ihre Ex arbeitslos? Und bezieht dafür Leistungen vom Arbeitsamt oder von der Arbeitsgemeinschaft?

Na, da ergibt sich doch ein neues Betätigungsgebiet für Sie.

Falls Sie aus Ihrer gemeinsamen Zeit etwas über kleine Schwarzarbeiten wissen, handeln Sie als gewissenhafte Bürgerin und zeigen Sie Ihre Ex anonym bei dem Amt an.

Das Schöne daran ist, Sie können auch Jahre zurückliegende Schwarzarbeit anzeigen.

Ihrer Ex wird dann die Rechnung präsentiert und Sie haben Ihre Rache bekommen.

2. Mitteilungen über die Zeitung

Bekanntgabe der Trennung

Die regionale Zeitung erreicht viele Menschen, auch den Verwandten- und Bekanntenkreis Ihrer Ex.

Warum sollen nicht alle erfahren, dass Sie sich getrennt haben und das ganz gemütlich beim Frühstück.

Nun, das dürfte der Fall sein, wenn es sich bei Ihrer Ex um eine verheiratete Frau handelt und ihr Ehemann von seinem Glück, also Ihnen, nichts weiß.

Ändern Sie das doch und veröffentlichen Sie die glückliche Trennung von Ihrer Ex und Ihnen.

Das gibt bestimmt gewaltigen Ärger bei Ihrer Ex-Geliebten.

Geburtstags- oder Jahrestagsanzeige

Gratulieren Sie Ihrer Ex zu Jahrestagen oder zum Geburtstag über die Zeitung.

An sich nichts Ungewöhnliches, aber in dem Moment schon, wenn Ihre Ex wie gesagt verheiratet ist und der Ehemann nichts von Ihnen weiß.

Nach so einem Gruß wird ihr Telefon mit Sicherheit auf Hochtouren klingeln.

Diesen Ärger wird sie garantiert nicht vergessen und ihre Bekanntschaft wird sie mit Sicherheit auch ordentlich schneiden.

Bücher schreiben

Boris Becker macht es gern und Dieter Bohlen.

Dann tun Sie das auch: Schreiben Sie ein Buch über Ihre Zeit mit Ihrer Expartnerin.

Sparen Sie nicht mit pikanten Details und bemühen Sie alte Chatprotokolle und Emails. Und dann überreichen Sie das Buch Ihrer Expartnerin oder noch besser Ihrem neuen Partner.

Das dürfte für einigen Ärger sorgen.

Und Sie? Sie werden vielleicht nicht einen Preis für Ihr Buch erhalten, aber nachweislich ist diese Aktion eine der besten Rachestrategien überhaupt, denn durch das Schreiben des Buches verarbeiten Sie die Trennung und können loslassen.

Zum Abschluss

Bitte denken Sie bei aller Rachelust an folgendes:

Rache wird am besten kalt serviert.

Zum einen haben Sie Zeit, sich die beste Rache zu überlegen und Sie kommen auch nicht so schnell in Verdacht.

Bedenken Sie dabei alle Vor- und Nachteile.

Trotzdem wünschen wir Ihnen viel Spaß und Vergnügen bei dem Lesen des Buchs.

Inhalt

Rache an der Ex 1
125 Wege sich an IHR zu rächen 1
Statt einem Vorwort…... 4
Bevor man zum Racheakt greift......................... 5
   1. Ignoranz 6
   2. Glücklich sein 7
   3. Publik machen.. 8
I. Fies und Gemein 9
   1. Kleine Gemeinheiten................................. 10
      Klingelstreich.. 10
      Briefkastenstreich 11
      Böse Postkarte 12
      Böse Postkarte die Zweite........................ 13
      Eklige kleine Geschenke 14
   2. Fiese Streiche 15
      Lieblingsklamotte versauen 15
      Lieblingssachen neu verzieren 16
      Lieblingssachen neu verzieren die Zweite 17
      Bei Taschen und Schuhen hört der Spaß auf?
      18
      Verkaufen Sie Schuhe und Taschen Ihrer Ex
      19
      Wofür die Kleiderspende noch gut ist? 20
      Auch Frauen sammeln 21
      Persönliche Gegenstände (ohne größeren
      Wert) zerstören... 22
      Sexspielzeug 23

  Sexspielzeug die Zweite 24
  Sexspielzeug die Dritte 25
  Sexspielzeug die Vierte.............................26
  Auto umparken 27
  Toilettenstein ins Auto schmuggeln...........28
  Lieblingsgartenzwerg beschmieren 29
  Abführmittel/Brechmittel unterjubeln 30
 3. Zeitungsinserate..31
  Auto zu verkaufen.....................................31
  Billig und willig..32
  Das Auflösen der gemeinsamen Wohnung 33
  Hunde- oder Katzensitter 34
II. Essen & Trinken..35
 1. Getränke...36
  Der Ekelkaffee 36
  Sprudelnder Kaffee 37
  Mineralwasser...38
  Saft/Limo 39
  Cola und Mentos.......................................40
 2. Futteraktionen..41
  Kuchen & Kekse 41
  Salz & Zucker 42
  Gewürze..43
III. Persönliche Attacken 44
 1. Make-Up und Kosmetik 45
  Schminksachen verschwinden lassen 45
  Gesichtscreme...46
  Nagellackentferner....................................47
  Lippenstift in Sparversion.........................48
  Enthaarungsmittel im Shampoo.................49

Pfefferminzöl im Shampoo 50
Haarfärbung vertauschen 51
2. Zu Hause 52
   Hand in warmes Wasser 52
   Klarsichtfolie unter die Toilettenbrille 53
   Die CD-Sammlung 54
   Die Hundekottüte 55
   Überraschung im Zimmer 56
3. Ihr Auto 57
   Das Auto verdrecken 57
   Auto mit peinlichen Parolen beschmieren 58
   Handynummer 59
   Zu verkaufen! 60
   „Susi fährt mit" 61
   Abfalltransporter 62
   Friseusenporsche 63
   Büchsengerassel 64
   Klopapier 65
   Kratzer am Wagen 66
   Nummernschilder 67
4. Ihr Aerobic-Kurs 68
   Kurskolleg(inn)en 68
   Stinkige Dinge im Spind hinterlegen 69
5. Klamotten und Schuhe 70
   Klamotten beim Schneider ändern lassen . 70
   Kleidung zerschneiden 71
   Klamotten in Übergröße zuschicken 72
   Schuhe und Accessoires 73
   Schuhe vom bösen Hund zerkauen lassen 74
   Lieblingsschmuck verstecken 75

Pfandleihe	76
Schmuck verkaufen	77
Schmuck ganz anders zurückgeben	78
IV. Privatbereich	79
1. Bekanntenkreis	80
Gerüchte	80
Geräuschkulisse	81
2. Freundeskreis	82
Freunde abwerben	82
3. Familie	83
Ex-Schwiegereltern	83
Andere Verwandte der Ex	84
4. Neue Flamme	85
Peinliche Aktion	85
Aus dem Nähkästchen	86
Peinliche Stories	87
Die Kindermasche	88
Neuen Partner verführen lassen	89
V. Arbeitsplatz	90
1. Kleiner Schabernack im Büro	91
Kaffeestreich	91
Kopiererstreich	92
Die Postabteilung	93
2. Kollegen	94
Kollegen der Ex nerven und belästigen	94
Kolleginnen der Ex plump angraben	95
Peinliche Szene hinlegen	96
Schlägertypen spielen	97
3. Der Vorgesetzte	98
Fiese Gerüchte	98

- 4. Eigenes Geschäft 99
  - Kunden vergraulen 99
- VI. Das World Wide Web 100
  - 1. Emails 101
    - Kontakte verwirren 101
    - Indiskretion 102
    - Spam-Emails öffnen 103
  - 2. Instant Messenger 104
    - Freunde verprellen 104
    - Unbekannte zur Freundesliste hinzufügen 105
  - 3. Chats & Co. 106
    - Chatbekanntschaften 106
    - Gerüchteküche 107
  - 4. Facebook, Twitter & Co. 108
    - Statusleiste 108
    - Meldungen 109
    - Fotos 110
    - Die Privatsphäre Funktion 111
    - Party die Erste! 112
    - Party die Zweite? 113
    - Party die Dritte... 114
- VII. Saisonale Racheaktionen 115
  - 1. Halloween 116
    - Kürbis 116
    - Kinder 117
  - 2. Weihnachten 118
    - Knecht Ruprecht 118
    - Geschenke 119
    - Geschenke die Zweite 120

- 3. Karneval 121
  - Der Berliner 121
  - Zettel ans Kostüm 122
  - Funkenmariechen 123
  - Konfettiregen 124
- 4. Ostern 125
  - Eier 125
- 5. Geburtstag 126
  - Das Alter 126
  - Trauerkarte 127
  - Der böse Geburtstagsspruch 128
  - Gutschein schenken 129
- 6. Urlaub 130
  - Flug stornieren 130
  - Flug umbuchen 131
  - Hotelbuchung ändern 132

Zusätzliche Racheakte aus der untersten Schublade 134

- 1. Finanzamt und Co. 135
  - Finanzamt 135
  - Arbeitsamt 136
- 2. Mitteilungen über die Zeitung 137
  - Bekanntgabe der Trennung 137
  - Geburtstags- oder Jahrestagsanzeige 138
  - Bücher schreiben 139

Zum Abschluss 140